經典
少年遊

001

世説新語

魏晉人物畫廊

A New Account of Tales of the World
Anecdotes in the Southern and Northern Dynasties

繪本

故事◎林羽豔

繪圖◎吳亦之

夏天的風吹過，把每個人的臉都吹得紅紅的，連飛來築巢的小燕子臉上也出現了一抹紅……

街道上，大家喧譁著：「快來看，快來看，衙門裡有新鮮事！」衙門裡，有位老爺爺臉紅得不得了，低著頭跪在公堂前。衙門外，圍滿了人，大家都在猜，究竟老人家為什麼會跪在這裡呢？

5

原來啊！老爺爺犯了罪，縣太爺好生氣，決定處罰他喝好濃好濃的酒。看著老爺爺已經喝醉了，但是縣太爺還是要他不能停！這位縣太爺叫謝奕，他有個七歲的弟弟叫謝安，經常坐到他的腳邊，看哥哥審案。

堂前的老人家愈來愈難受，謝安忍不住紅了眼，對著哥哥拜託：「老爺爺很可憐，怎麼可以這樣對待他呢？」謝奕一向疼愛這個聰穎的弟弟，聽了他的求情，臉色才緩和下來說：「你想放了他嗎？」

謝安點點頭，縣太爺終於下令放人，老爺爺這才昏昏沉沉、歪歪斜斜的獲得釋放。在場圍觀的人都拍起了手稱讚：「這小孩心真好，將來一定有出息。」

10

冬天到來，雪開始下，怕冷的小燕子也快快找了可以抵擋風雪的地方躲起來。轉眼好幾個冬天過去了，小謝安早已長大，而且還當了爸爸。他喜歡在家裡辦宴會，連哥哥弟弟的小孩們也一起找來湊熱鬧。

庭園裡， 山白白的， 樹白白的， 天白白的， 地白白的， 一群小孩圍在謝安身旁聊天， 他們開心的咧開嘴笑著， 哈！ 連牙齒也白白的。

雪下得又急又大，謝安高興的看著大家：「孩子們，天空中的雪紛紛飄下，你們看看像什麼呢？」二哥家的小男孩，第一個搶著說：「好像一把鹽撒在空中。」

17

大哥家的小女孩，張開手，接住了天空剛降下的白雪，輕輕說：「好像柳絮，飄散在風裡！」

18

謝安聽了，哈哈大笑，感到非常高興，謝家的小孩們一個比一個出色。尤其是大哥謝奕的女兒謝道韞，她雖然是個女孩，但是又能作詩、寫字，真是聰明又有才華。

秋天的明月亮又白。謝道韞長大後，
大家都在傳：謝家的姑娘，長得漂亮
又乖巧。就好像高掛在天空的明月，
要有星星作伴才不寂寞。於是許多人
開始上門提親事。

不久後，月光下一群小燕兒開心唱著歌，街道上的群眾也歡呼著：「京城裡最出名的謝王兩家要結親事了！」謝道韞決定要嫁給王凝之。

25

王凝之，父親是出名的王義之，幾乎全國的人都稱讚他是個大好人。曾經有一次，幾個小官員趁著秋天的月光，登上京城南邊的一座高樓，練唱詩篇。小官們唱得正高興時，忽然聽見有木屐聲……

27

原來是長官庾亮來了，他們立刻想起身躲避。但是庾亮很大方，邀請大家留下，自在的靠在交椅上一起吟詠歡唱。王羲之的伯父王導是當時丞相，聽說此事不屑的批評庾亮：「因為被貶官，所以才這樣。」

28

王羲之卻替庾亮辯護：「正因為庾亮的心胸像山谷一樣深，能寬容別人，才能做出這麼有氣度的事啊。」有人就稱讚王羲之，即使居於高位，仍然是一個品格高尚的人。

31

王義之的事蹟還不只這一樁。他聽說有人看見屋頂竹子長得好，就不顧一切的破壞屋瓦抽下竹子做長笛；又聽說，有人聽女孩歌曲唱得好，竟然高興的搖晃唱歌的女孩，忘形的弄傷人家的腰，因此對這些事情發出了批評與感嘆。

這時候的讀書人，有人喜歡圍在樹林裡一起唱歌喝酒、有人曾一連醉六十天、有人十幾天不洗頭也不洗臉……，但是王羲之從不隨意論斷好壞。他如常的找來和他一樣，喜愛讀書、喜愛寫字的人，討論著國家大事。

時間跑得好快啊！謝安和王羲之都變成了老爺爺。有一天，謝安和王羲之坐在涼亭裡，看著遠方，謝安不禁感嘆：「人到了中年以後，不管是悲哀快樂，都傷心也傷身。尤其是親友離去，更是叫人難過啊。」

王羲之拍拍謝安的肩勸他說：「人年紀大了，都會這樣。唱唱歌、彈彈琴，心情就會好一點。」涼亭的角落邊，花開了，春天悄悄來報到，燕子也飛來。

多少年來，多少朝代，燕子飛去又飛回，人來人又走。世間人的故事也如四季不斷輪轉更替。曾經飛過王家、謝家廳堂的小燕子，現在又飛到哪去了呢？

世説新語
魏晉人物畫廊

讀本

原典解說◎林羽豔

與世説新語
相關的……
44　人物
46　時間
48　事物
50　地方

走進原典的世界
52　世説新語
56　謝安
60　謝道韞
64　王羲之

編後語
68　當世説新語的朋友
69　我是大導演

劉義慶將魏晉南北朝的名士人物描述得活靈活現，匯聚成一本精彩的《世說新語》，和他相關的人物有哪些呢？

劉義慶（403～444年）是南朝宋的皇家貴族。他十七歲時受封為臨川王，父親是宋武帝劉裕的弟弟。他因為喜歡文學，召集門下文人一起編寫《世說新語》，記載了東漢到南朝宋之間許多名人故事，是中國最重要的志人小說。這本書原本叫做《世說》，但為了避免和漢朝劉向寫的《世說》混淆，唐朝以後漸漸改稱為《世說新語》。

劉義慶

TOP PHOTO

劉裕

相關的人物

劉孝標

劉向

劉裕（上圖）是南朝宋的開國君主宋武帝。身為東晉末年的軍事強人，他不僅努力北伐，收復部分領土；更平息國內的各種戰亂，穩定了當時混亂的政治局面。之後他逼迫東晉皇帝讓位給自己，統一南方，建立南朝宋，稱帝後進行了一連串的政治改革，改善了當時的社會狀況，但只當了三年皇帝就過世。

西漢時的學者，擅長經學、目錄學和文學，曾經撰寫《新序》、《說苑》和《列女傳》等書，內容以先秦到漢代各類的歷史故事和女性故事為主。他也寫過一本《世說》，但是現在已經失傳。

南朝梁的學者，從小十分好學，常晝夜不懈的讀書。他把原本只有八卷的《世說新語》重新分成十卷，引用約四百多種的豐富材料，做了非常清楚的注解，可以說是《世說新語》最重要的注解版本。他自己也寫了一本《續世說》。

北宋的文學家，尤其擅長作詞，開啟了婉約派的風格。曾經擔任宰相，能夠提拔人才，范仲淹和歐陽修都曾受過他的栽培或推薦。據說現在看到的《世說新語》是經過他的刪改和合併，才成為三卷三十六篇的樣貌。

晏殊

竹林七賢

「竹林七賢」指的是阮籍、嵇康、山濤、劉伶、阮咸、向秀、王戎。因為當時政治混亂，他們七位常聚集在竹林裡，盡情喝酒談天，不重視禮教，是最具代表性的魏晉名士。不過，他們的思想主張和政治傾向並不完全相同。《世說新語》裡記載了許多與他們相關的有趣事件。右圖為清朝伍學藻所繪〈竹林七賢圖〉。

魯迅

本名周樹人，「魯迅」是他發表文章時用的筆名。他是民國初期極為重要的學者和文學家。少年時曾到日本學習醫學，後來決定全心全意投入文學和文化活動。他首先提出「志怪小說」和「志人小說」的分類，並以《世說新語》作為「志人小說」的代表作。

在短短四十多年的人生中，劉義慶見證了東晉末年的亂世，以及劉宋皇室鬥爭的巨大陰影。

403 年

劉義慶在這一年出生，生父長沙王劉道憐是南朝宋武帝劉裕的弟弟，但因為劉裕最小的弟弟臨川列武王劉道規沒有子嗣，於是就把劉義慶過繼給叔父為後。劉義慶從小就受到宋武帝的賞愛，認為他是家族中不可多得的人才。

417 ～ 432 年

由於被過繼給叔父臨川王，因此劉義慶繼承叔父的爵位，襲封為臨川王。他從 417 年開始當官，曾擔任秘書監，掌管皇家收藏的圖書，這經歷有助於他編撰《世說新語》。在官場上一路平步青雲的他，曾升任官位相當於副宰相的尚書左僕射。但或許是為了躲避宗室中的權勢爭鬥，他不久就乞求外調擔任地方官。

432 ～ 439 年

劉義慶出任荊州刺史時，當時荊州的重要性和京城揚州不相上下，可見宋文帝對他相當看重。他在荊州期間，生活比較安定，也召集許多文人擔任他的幕僚，像鮑照、何長瑜等人都名列其中。

童年

任官封王

相關的時間

荊州刺史

**編撰
世說新語**

440 ～ 444 年

劉義慶三十六歲時改任江州刺史，一年後又因受到皇室爭鬥的波及，被調任為南兗州刺史。在擔任南兗州刺史期間，他開始和門下的文士一起編撰《世說新語》，花了整整四年，終於完成這部經典之作。但才剛成書，劉義慶就因病逝世了。

TOP PHOTO

五胡亂華

304 ～ 439 年

自從 304 年匈奴人劉淵建立前趙，匈奴、羯、鮮卑、氐、羌五個民族陸續在中國北方建立起許多國家，簡稱五胡十六國，史稱「五胡亂華」。原本統一中國的西晉因此滅亡，於中國南方重建東晉政權。北方的混亂局面，一直到 439 年才由北魏太武帝拓跋燾統一平定。上圖為明朝張龍章所繪〈胡人出獵圖〉，充滿動態的畫面令人不難想像胡人驍勇善戰的姿態。

TOP PHOTO

東晉

317 ～ 420 年

東晉末年政局動盪，由握有軍事大權的幾名武將先後主導朝政。桓玄先是篡位建立桓楚，不久後就被劉裕擊敗殺死。在這亂世中，曾在桓玄手下短暫任官的大詩人陶淵明，最後選擇了辭官隱居的生活。上圖是明朝畫家馬軾、李在和夏芷合作繪製的〈歸去來兮圖〉（局部），圖中陶淵明棄官辭歸，策杖而行，正問路於迎面而來的行旅者。

皇室鬥爭

436 ～ 451 年

彭城王劉義康是宋文帝的弟弟，宋文帝病重時，託他代為處理國政。但他個性驕縱，使宋文帝開始擔憂他將取代自己的帝位，於是之後劉義康被貶為江州刺史。不久，宋文帝又聽到他計畫謀反的消息，更將他貶為平民。到元嘉北伐時，因擔心劉義康趁機作亂，便在 451 年下令誅殺他。宋文帝的猜忌性格，開啟了劉宋皇室間相互殘殺的悲劇。

提到《世說新語》，浮現在腦海的是劉義慶筆下那些栩栩如生的風流名士，還有與他們相伴的酒、藥及山水。

圍棋在古代又稱作「博弈」，是魏晉文人間相當盛行的休閒活動。《世說新語》裡記載了許多文人下圍棋時從容不迫、不表現喜怒之情的事蹟，最有名的例子就是謝安在下棋時聽到淝水之戰勝利的好消息，卻不動聲色，繼續和人下棋。

TOP PHOTO

魏晉時政治混亂，戰爭、疾病不斷，於是人們常藉由飲酒來排解內心的苦悶。竹林七賢中的劉伶，就是愛好飲酒、不在乎禮節規範的代表人物。他還寫了一篇〈酒德頌〉來讚美酒。上圖為明末清初八大山人書法〈行書劉伶酒德頌卷〉。

床、榻是中國古代傢俱，作用和椅子相同，但高度較低，面積較大，人可以在上面或坐或臥。《世說新語》中王羲之「坦腹東床」，風度不凡，而被東晉太尉郗鑒選為女婿。六朝時的床榻受到胡人文化的影響，有些已慢慢加高，成為椅子的雛形，叫做「胡床」。

圍棋

酒

相關的事物

床榻

山水

魏晉文人由於時局混亂，在政治上難以發揮長才，不少人往往寄託情懷於山水之間，透過遊賞山水，抒發自己的感情。東晉名士謝鯤就屬於這類寄情山水的人物，在《世說新語》中，謝安曾讚美他像是竹林七賢般的人物，而他也自認為適合生活在山谷之間。

大袖寬衫

TOP PHOTO

魏晉文人名士喜歡穿著衣袖寬鬆的衣服。一方面是因為當時煉丹服藥的風氣很盛，服藥後常常全身發熱，衣服寬鬆有助於散熱；另一方面，大袖寬衫同時能夠表現出一個人風度翩翩的樣子，因此受到重視儀表的魏晉文人喜愛。上圖為晚唐畫家孫位所繪〈高逸圖〉的局部，其中穿著大袖寬衫的人物是山濤。上海博物館藏。

五石散

「五石散」是東漢末年治瘧疾的藥，藥效發作時會感到全身發熱，必須吃涼食退熱，所以它又叫做「寒食散」。魏晉的人興起服用「五石散」的風氣，認為吃藥後會覺得神智清晰，持續吃藥更會讓皮膚變得白嫩細緻。據《世說新語》記載，擁有美好容貌的何晏就是「五石散」的愛好者。

總是擔任重要地方官職的劉義慶，將魏晉時期各具風情的名勝景點一一寫入《世說新語》。

荊州位於今湖北省荊州市一帶，自古具有重要軍事地位，是三國歷史中重要的地點。在戰爭頻仍的魏晉南北朝中，也始終是歷代兵家必爭之地。因此，只有受到朝廷重用的人才能擔任荊州刺史，劉義慶也曾擔任這個職務。

新亭是建康南郊的著名景點。據《世說新語》記載，東晉剛建立時，許多文人名士常到新亭遊賞、宴飲，看見明媚的風光，卻不禁想起西晉的滅亡，忍不住悲從中來，相視流淚。

相關的地方

TOP PHOTO

會稽郡

東山

會稽郡位於今浙江省紹興市一帶，是古代文人聚集之地。《世說新語》中曾提到會稽城西南郊「山陰道」的美麗風景，令人流連忘返。不少文人逸事也都以山陰為背景，例如知名的王羲之曾和友人在會稽山陰的蘭亭聚會，留下享譽後世的行書作品 ——〈蘭亭集序〉。上圖是浙江紹興渚山蘭亭公園中的「鵝池」石碑亭，相傳碑上「鵝池」兩字分別由王羲之、王獻之父子倆所書寫。

東山是會稽附近的著名景點。東晉大臣謝安尚未擔任宰相前，曾隱居於東山。後來在朝廷和人民的強烈希望下，終於出任宰相，人稱「東山再起」。《世說新語》記載了謝安在東山時的許多逸事。

烏衣巷

烏衣巷位於東晉都城建康（即今南京市）秦淮河的南岸，在三國時是吳國軍隊駐營的地方，因為當時軍服是黑色的，所以稱作「烏衣巷」。東晉以建康為首都，所以南渡的世族大家王氏、謝氏都居住在此。此事在《世說新語》中也有記載。唐朝詩人劉禹錫更據此寫下〈烏衣巷〉一詩。上圖為現今江蘇省南京市秦淮河岸的烏衣巷。

南兗州

白馬寺

西晉末年，北方動亂頻繁，許多原本居住於中國北方黃河流域的居民紛紛南渡。因此，東晉政府把原本屬於北方的地方政府遷到南方，稱為僑置州郡。南兗州位於今江蘇省揚州市一帶，就是僑置州郡的其中之一，原本的兗州在山東地區。這些南渡居民促進了揚州的經濟發展。劉義慶就是在南兗州刺史任上，召集文士完成《世說新語》。

魏晉時期至少有兩座寺廟名叫白馬寺。一座位於洛陽，是由東漢明帝時，為了安頓天竺高僧而下令建造的佛寺。一座位於建康，東晉高僧支道林就居住在此。《世說新語》中記載了支道林在白馬寺和人談論《莊子》哲理的故事。

世説新語

　　魏晉南北朝，一個極度分裂的年代，經歷了我們熟悉的三國時期，好不容易來到晉朝的短暫統一，又產生五胡十六國的混亂，形成南北朝的長年對峙。

　　《世説新語》的編者劉義慶，就是出生在這樣不安定的時代中。他的伯父宋武帝劉裕篡奪了東晉政權，建立南朝宋。十四歲時，劉義慶就隨著劉裕攻打長安。直到十八歲，武帝即位，劉義慶被徵召為官，擔任親信重臣，更被宋武帝視為「豐城之寶」。因為以前的人曾在豐城這個地方，挖掘到干將、莫邪兩把寶劍；在伯父心中，劉義慶這個子侄好文學又善騎射、聰敏過人，就連要寫信給他，也要斟酌字句，修飾內容，可媲美難得的寶劍。有人覺得劉義慶個性恬淡，應該對政治不感興趣，但從他編撰的故事來看，也許他小時候也曾有幾許抱負。

　　《世説新語》的第一則故事，説陳仲舉這個人言論可以作為讀書人的法

陳仲舉言為士則，行為世範，登車攬轡，有澄清天下之志。 —《世說新語·德行第一》

則，行為可以作為社會的典範，因為他在即將上任官職時，就懷抱澄清天下的志向。在劉義慶心中，從小看著不間斷的戰爭，不穩定的政局，雖然身處安逸的宗室，也期許自己能有番作為吧！只是，儘管他擔任過許多官職，在政績上卻始終沒有符合「豐城之寶」的驚人之勢。或許是受他簡素寡欲的性格影響，相較起「言為士則，行為世範」的讀書人格局，簡單平靜的生活可能更合他的心意。所以到了二十歲，體力正當壯健，他卻反而宣布不再跨上擅長駕馭的馬，從此捨騎射而就文學。

　　在他的官職生涯中，曾經擔任秘書監一職。這個工作就像現在的國家圖書館館長，負責管理國家秘藏的圖書，正符合他愛好文學的天性。編撰《世說新語》的構想，也在這時候開始成形。

江左地促，不如中國，若使阡陌條暢，則一覽而盡；
故紆餘委曲，若不可測。—《世說新語·言語第二》

　　我們稱劉義慶為《世說新語》的編者，而不是作者，是因為這本書主要是由他召集許多文人共同完成，並非由他一個人所寫。

　　《世說新語》全書分為三卷三十六類，總共搜羅了多達六百五十多位名士，真實呈現出當時與平凡百姓有別的士族生活。而且書中收錄內容範圍廣泛，舉凡飲食禮儀、休閒娛樂等，都納入其中。書裡的人物不乏賢良方正的典範，但同時也有士族貪婪無德的面貌。從不同角度去閱讀這本書，會發現劉義慶雖然沒有直接評價，但是在多元的故事中，卻也透露出某種基本的價值理念。

　　書中有一則故事，記述桓溫在南州所設置的街道都很平直，於是便有人開始比較，王導在建康所設道路都彎曲不直，似乎比不上桓溫。王導的兒子王珣這樣回答：「這才是巧妙的地方，江左一帶，土地狹窄，不像中原那樣廣闊，如果街道平直暢達，那麼一看就可看到底；曲折悠遠，反而深不可測啊！」王珣的回答，正好也呼應

著本書特點，世事本無絕對，往往隨著時、地不同，而獲得不同的評價；而《世說新語》經過不同的時代、不同讀者的詮釋，呈現出富含層次與多元的閱讀風貌。

像是書中多有以國家社稷為己任、積極進取的從政者；同樣也有因不滿當代朝政，選擇逃避世俗，隱居山林的「竹林七賢」。如此不同背景、不同性格的名士，全都聚集在其中，至於是非對錯的選擇，我們會發現每個人的觀點都不一樣，不過人在面對關鍵時刻的氣度和格局才是最重要。

從「士族」作為起點，一代一代傳承為「世族」，我們可以看見一個有志向的讀書人，影響所及不只是自身而是整個家族。只是，再蓬勃的世族終究抵不過時代變遷，政權一旦轉移，它們也隨之凋零。

謝安

東晉時期，王家和謝家是兩大政治家族，謝安的父親謝裒、兄弟謝奕和謝萬，皆在朝為官。唯獨謝安，年輕時即享有才名，深受所有名士看好，但他卻只當了一個月類似記錄的小官便稱病辭官，隱居東山。

他的夫人看著謝安那些在朝為官、已有不少財富的兄弟，每次只要出現在家門口，都會使得鄰人傾慕轟動，而謝安卻只穿著平民的布衣，便和他開玩笑說：「大丈夫不就應該要這樣嗎？」只見謝安嗤之以鼻：「就怕免不了會變成像他們這樣啊！」可見謝安對於隱居的生活十分享受，對於富貴的灑脫，同時也展現出他對環境變動的沉穩淡定。

謝安雖然「隱」卻不是與世隔絕，他只是不介入朝政，選擇一個離世住所，過著休閒安逸的生活。有一回，他和

太傅神情方王，吟嘯不言。舟人以公貌閒意說，猶去
不止。既風轉急，浪猛，諸人皆諠動不坐。公徐云：
「如此，將無歸！」眾人即承響而回。於是審其量，
足以鎮安朝野。 ——《世說新語‧雅量第六》

孫興公等人去海上泛舟遊玩。不料海風突起，浪濤升騰，船上眾人
都現出惶恐的臉色，大聲叫船夫趕快回航；只有謝安依然唱著歌，
不發一語。船夫看他這麼悠閒，於是繼續打槳前進。只是浪愈來愈
大了，大家都開始躁動，坐也坐不住。謝安才吩咐回航。

　　人的氣度與膽識就是在遇到危難急事時，立顯高下。謝安的臨
危不亂，正是亂世之中眾人所渴求的安穩力量。這也是為何他隱居
二十多年，仍然不時有人期盼著：「如果謝安在東山立志做官，我
將和天下人一同推舉他。」

　　最終謝安還是如自己所料的「免不了」而進入官場。
因為哥哥謝萬兵敗，被貶為庶人。為了家族，謝安只好
再度出任官職，離開他長期隱居的東山，這也就是我們
所常聽到的「東山再起」的由來。

謝公與人圍棋，俄而謝玄淮上信至。看書竟，默然無言，徐向局。客問淮上利害，答曰：「小兒輩大破賊。」意色舉止，不異于常。 ——《世說新語·雅量第六》

　　謝家這樣的大家族，難免會有像我們每個人所遇到的家庭問題，謝安的夫人就曾向他抱怨：「為什麼從來不曾看見你教小孩？」謝安立刻回答：「我隨時以自己的行為教導孩子。」身教重於言教，謝安深悟這個道理，教育子弟往往以身作則，潛移默化。他喜好讀書，謝家子弟便個個頗有文采；他個性寬厚，便要求眾人增長見識莫虛華，不任意嘲笑別人。謝安重新掌權後，地位愈做愈高，幾乎總攬了東晉的朝政，而他教育的這批子弟就成了他得力的助手。

　　淝水之戰前，北方前秦政權的君主苻堅在極短的時間內就統一了北方，接著野心勃勃的想要一舉吞滅東晉，將天下整合為一，所以率領百萬大軍南下。當時東晉的兵力僅約八萬，實力相差懸殊，

朝廷上下一片驚惶，只有謝安態度鎮定自若，冷靜調度手下，包括派遣自己的弟弟、侄兒多人率兵前去抵禦。在大家都忐忑不安的情況下，許多人去詢問他打算如何應戰？他卻都只是淡淡的說：「我都已經安排好了。」

　　戰爭正在進行的同時，謝安卻和客人下圍棋。不久他的侄兒謝玄從前線派信使傳來消息。謝安看完信，完全沒說一句話，又慢慢面向棋盤，繼續棋局。一旁的客人反而按捺不住，急著詢問戰爭的結果，這時他才說：「我兒子和侄兒已經大破那幫賊兵了。」他的神態行動和平常完全一樣，若不是有絕對的信心，早已做好萬全準備，是無法有這樣的鎮定自若。

　　淝水之戰能獲得勝利，關鍵在於謝安事前周全的部署以及沉著穩定的態度。而前線領兵的謝姓子弟兵打了勝戰，謝家世族的聲望也在這一役達到高峰。

謝道韞

　　在謝安東山隱居的歲月中，受益最多的應該算是他的子侄輩，不論哥哥或弟弟的小孩全由他教養。其中最受他讚賞的，莫過於哥哥謝奕的長女謝道韞。

　　一個天寒的日子裡，謝安正好舉行家庭聚會。突然開始下起了雪，雪下得又大又急，謝安一時興起便出了一道問題問大家：「白雪紛紛飄下，你們看像什麼呢？」謝道韞回答：「就好像柳絮受風而飄起。」一句話將在場的堂兄弟姐妹比了下去。謝安聽了，放聲大笑，感到高興。她的才女之名，也因為這件事更為人知。

　　魏晉時期，文人雅士盛行「清談之風」，一群人聚在一起喝茶，開始海闊天空談論不休。根據《晉書·列女傳》中的記載，有一次，

謝太傅寒雪日內集，與兒女講論文義。俄而雪驟，公欣然曰：「白雪紛紛何所似？」兄子胡兒曰：「撒鹽空中差可擬。」兄女曰：「未若柳絮因風起。」公大笑樂。 —— 《世說新語·言語第二》

謝道韞的小叔王獻之與友人談論詩文，一時詞窮處在下風，被經過的謝道韞聽到了。她躲在屏風後聽了一會，叫婢女告訴王獻之，她願出來為小叔子解圍。只見謝道韞端坐在青簾後，接著王獻之的話題引經據典侃侃而談，讓在座客人無言以對，甘拜下風，由此足見謝道韞的才華與風采。

在謝家，謝道韞不但有才，而且書還讀得比她的弟弟謝遏好。她是個嚴格的姐姐，看著弟弟沒有進步，直接問說：「你是為了瑣事心煩？還是你的天分有限？」嚴厲的告誡並未影響到姐弟情誼，她的弟弟真的開始進步了，而且非常尊重姐姐。謝道韞後來嫁給了王羲之的二兒子王凝之，兩人在當時可說是門當戶對。

太傅慰釋之曰：「王郎，逸少之子，人身亦不惡；汝何以恨迺爾？」答曰：「一門，叔父則有阿大、中郎，群從兄弟則有封、胡、遏、末；不意天壤之中，乃有王郎！」——《世說新語·賢媛第十九》

　　也許，因為謝道韞太有才情了，所以對於自己的丈夫有諸多期許，因而對王凝之的不滿意也愈來愈強烈。她曾經在娘家，表現出看不起王凝之的樣子，謝安勸她說：「王凝之是王羲之的兒子，人品也不壞啊！妳為什麼要這樣討厭他呢？」她回答：「看看王氏家族，叔父輩和兄弟輩都是極有名氣之人，只有他這樣不長進！」古代女子以夫為天，這樣的數落可算是非常大膽。

　　不過謝道韞對王凝之的不滿，並不是憑空而來。王凝之十分迷信，就連敵人殺來了，身為官

員的他並不準備抗敵也不出兵，反而每天祭祀祈禱希望有神將相助。結果可想而知，他很快就被叛亂的孫恩砍下腦袋。這時候的謝道韞，知道孫恩就快打來，命令婢僕們手拿刀刃，衝到大街上。

謝道韞橫刀在手，就好像她當時立於青簾後的自信，她的膽識不由得令人嘆服。雖然後來終究還是成為賊兵的俘虜，但是她仍然護衛著其他人，對孫恩厲聲喝斥：「這是王家一門的事情，與外族並不相干，如果非得要殺人，那麼先殺我吧！」她的大膽與言行令賊兵孫恩也大為折服，於是對其改容相待，甚至命人送她安返故居。

透過《世說新語》，我們可以發現，因為身處亂世，這時代的女子似乎不得不開始變得有捍衛的力量和較為強悍的作為。

王羲之

　　東晉時期，郗家也是當時非常有名望的世族之一。東晉出名的軍事家郗太尉郗鑒派了一個學生送信給當時的丞相王導，表示自己想要和王家聯姻，請他在子姪中找個適當的女婿人選。王導便請這位學生說：「請你到東廂房裡，隨意選一個吧！」學生回去後，向郗太尉稟告：「王家那些男子都很不錯，聽說有人來找女婿，都穿著得宜，神態莊重；可是只有一個人，在東邊床上露著肚子吃東西，好像不知道有這回事一樣。」郗太尉聽了，立刻說：「這一個好，就是他了。」後來派人去打聽，才知道原來這個人就是王羲之，便把女兒嫁給他了。

　　其實，王羲之小時候言語遲鈍，他的伯父王導就曾經對人說，這孩子樣樣不如人。直到十三歲時，王羲之受到周顗的賞識，周顗察覺這孩子的聰穎之處，就讓他陪侍在筵席的末座，還親自割烤牛

丞相語郗信：「君往東廂，任意選之。」門生歸，白郗曰：「王家諸郎，亦皆可嘉，聞來覓婿，咸自矜持；唯有一郎，在東床上坦腹食，如不聞。」郗公云：「正此好！」——《世說新語・雅量第六》

心給他吃。從此之後，大家都改變了對王羲之的看法，連曾經因他不如人而感到羞愧的伯父，後來也相當器重他。

　　王羲之生活上不拘小節，但是在部屬殷浩眼中，他是一位雖居高位，握有權勢，但是仍然能秉持思慮清明的人。殷浩曾經對人說：「只要是王羲之有事交代下來，我就會立刻照辦，絕不遲疑。」可見，一個上位者若能處事清高且展現尊貴的氣節，就能使得底下的人受到感召而不敢有絲毫怠慢。當時甚至還有人作了「拔萃國舉」的碑文給王羲之，讚美他出類拔萃，受國人推崇，王羲之的影響力可見一斑。

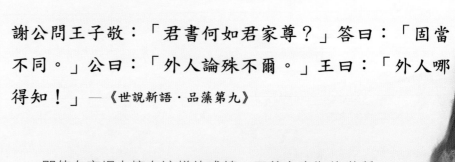

謝公問王子敬：「君書何如君家尊？」答曰：「固當不同。」公曰：「外人論殊不爾。」王曰：「外人哪得知！」——《世說新語·品藻第九》

　　即使在官場上擁有這樣的成績，王羲之廣為後世所傳誦的，卻是他「書聖」的封號。王羲之很愛養鵝，喜歡觀察鵝游水時的動作，進而揣摩運筆技巧，並且從鵝的形態去聯想字的結構。曾經有一位道士養了一群鵝，王羲之瞧見很是喜歡，想要把牠們買回家。不過道士不想賣，只要求王羲之手抄一本道家的《黃庭經》來交換，王羲之一口答應。以書法換白鵝的故事就此傳開。

　　還有一次，王羲之、謝安和一些文人，共四十一位，到蘭亭的河邊舉行消災求福的活動。大家一面喝酒，一面作詩，然後把這些詩蒐集起來，

合成一本《蘭亭詩》。大家推舉王羲之作一篇序文，王羲之立刻揮筆寫下一篇〈蘭亭集序〉。這幅書法作品後來成為極品，被譽為「行書第一」。

王羲之的第七個兒子王獻之也寫得一手好書法。謝安曾問他：「你和你父親所寫的字比起來怎麼樣？」王獻之說：「我們不太一樣。」謝安又接著詢問：「可是外人的評論好像不是這樣。」只見王獻之巧妙回應：「外人哪能知道。」直到後世，仍然有人為父子兩人書法高低爭論不休，各有各的欣賞觀點，各有各的立場選擇。

《世說新語》將這個分裂時代的背景及人物思維流傳下來，我們所看到的，絕不只是單一的個人故事。每個人物、每段人生，都有「外人哪得知」的深厚蘊意。要成為什麼樣的人，過怎樣的人生，端看自己在關鍵時刻的選擇。

當世説新語的朋友

　　《世説新語》是一部中國古代專門記載名人軼事的筆記小説集，從漢末到東晉大概兩百年之間，各式各樣的知名人物説過什麼樣的話、做過什麼樣的事，甚至出過什麼糗，全都可以在這部書中看到呢！

　　聽起來有點像是現代人喜歡閱讀的八卦雜誌，不過其中記載的可不是閒人口中那些損人不利己的八卦傳言，而是一些勸人向善的德行嘉言、表現聰明智慧的機智言語，自然流露的真性情，或是一些使人心生警惕的不良行徑。

　　例如謝道韞，她是個能言善道的才女，她巧妙的將雪比喻為隨風紛飛的柳絮，比起撒在空中的鹽，那種朦朧的美感是不是更有韻味呢？又如謝安，他領兵與苻堅的八十萬大軍作戰，決戰之際，他卻和侄子冷靜的下棋，即使讀了前線傳來捷報的信後，也不中斷，表現出臨危不亂的從容態度，這可是很不簡單的境界呢！更有趣的還有劉伶這號人物，他性情狂放又不拘小節，有一天他在家裸身被進門的友人撞見了，還幽默的説天地是他的家，房子是他的褲子，反怪人家跑進了他的褲子！

　　和《世説新語》做朋友，你就會認識這些既聰明又有趣的人物，你會看到嵇康、阮籍這樣的文人如何流露自己的真性情，也會看到曹操、謝安這樣的帝王將相如何展現自己的性格，還有書畫大師王羲之、顧愷之，以及清談名家何晏、王弼的一些瑣事趣聞。快來和《世説新語》做朋友吧！和這些魏晉名人一塊兒談天説笑之餘，也能學到待人處世的道理呢！

我是大導演

看完了世說新語的故事之後，
現在換你當導演。
請利用紅圈裡面的主題（自然），
參考白圈裡的例子（例如：真性情），
發揮你的聯想力，
在剩下的三個白圈中填入相關的詞語，
並利用這些詞語畫出一幅圖。

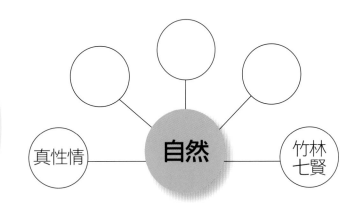

真性情　自然　竹林七賢

◎ 少年是人生開始的階段。因此，少年也是人生最適合閱讀經典的時候。這個時候讀經典，可為將來的人生旅程準備豐厚的資糧。因為，這個時候讀經典，可以用輕鬆的心情探索其中壯麗的天地。

◎ 【經典少年遊】，每一種書，都包括兩個部分：「繪本」和「讀本」。繪本在前，是感性的、圖像的，透過動人的故事，來描述這本經典最核心的精神。小學低年級的孩子，自己就可以閱讀。讀本在後，是理性的、文字的，透過對原典的分析與說明，讓讀者掌握這本經典最珍貴的知識。小學生可以自己閱讀，或者，也適合由家長陪讀，提供輔助說明。

◎ 【經典少年遊】，我們先出版一百種中國經典，共分八個主題系列：詩詞曲、思想與哲學、小說

001 世說新語　魏晉人物畫廊
A New Account of Tales of the World: Anecdotes in the Southern and Northern Dynasties
故事／林羽豔　原典解説／林羽豔　繪圖／吳亦之

東漢滅亡之後，魏晉南北朝便出現了。雖然局勢紛亂，但是卻形成了自由開放的風氣。《世說新語》記錄了那個時代裡，那些人物怎麼說話、如何行事。讓我們看到他們的氣度、膽識與才學，還有日常生活中的風雅與幽默。

002 搜神記　神怪故事集
In Search of the Supernatural: Records of Gods and Spirits
故事／劉美瑤　原典解説／劉美瑤　繪圖／顧珮仙

晉朝的干寶，搜集了許多有關神仙鬼怪與奇思異想的故事，成為流傳至今的《搜神記》。別小看這些篇幅短小的故事，它們有些是自古流傳的神話，有的是民間傳說，統稱為「志怪小說」，成為六朝文學的燦爛花朵。

003 唐人傳奇　浪漫的傳說故事
Tang Tales: Collections of Tang Stories
故事／康逸藍　原典解説／康逸藍　繪圖／林心雁

正直的書生柳毅相助小龍女，體驗海底龍宮的繁華，最後還一同過著逍遙自在的生活。唐人傳奇是唐朝的文言短篇小說，內容充滿奇幻浪漫與俠義豪邁。在這個世界裡，我們不僅經歷了華麗的冒險，還來到了如夢似幻的生活。

004 竇娥冤　感天動地的竇娥
The Injustice to Dou E: Snow in Midsummer
故事／王蕙瑄　原典解説／王蕙瑄　繪圖／榮馬

善良正直的竇娥，為了保護婆婆，招認自己從未犯過的罪。行刑前，她許下三個誓願：血濺白布、六月飛雪、三年大旱，期待上天還她清白。三年後，竇娥的父親回鄉判案，他能發現事情的真相嗎？竇娥的心聲，能不能被聽見？

005 水滸傳　梁山好漢
Water Margin: Men of the Marshes
故事／王宇清　故事／王宇清　繪圖／李遠聰

林沖原本是威風的禁軍教頭，他個性正直、武藝絕倫，還有個幸福美滿的家庭，無奈遇上了欺壓百姓的太尉高俅，不僅遭到陷害，還被流放到偏遠地區當守軍。林沖最後忍無可忍，上了梁山，成為梁山泊英雄的一員大將。

006 三國演義　風起雲湧的英雄年代
Romance of the Three Kingdoms: The Division and Unity of the World
故事／詹雯婷　原典解説／詹雯婷　繪圖／蔣智鋒

曹操要來攻打南方了！劉備與孫權該如何應戰，周瑜想出什麼妙計？大戰在即，還缺十萬支箭，孔明卻帶著二十艘船出航！羅貫中的《三國演義》，充滿精采的故事與神機妙算，記錄這個風起雲湧的英雄年代。

007 牡丹亭　杜麗娘還魂記
Peony Pavilion: Romance in the Garden
故事／黃秋芳　原典解説／黃秋芳　繪圖／林虹亨

官家大小姐杜麗娘，遊賞美麗的後花園之後，受寒染病，年紀輕輕就離開人世。沒想到，她居然又活過來！這到底是怎麼一回事？明朝劇作家湯顯祖寫《牡丹亭》，透過杜麗娘死而復生的故事，展現人們追求自由的浪漫與勇氣。

008 封神演義　神仙名人榜
Investiture of the Gods: Defeating the Tyrant
故事／王洛夫　原典解説／王洛夫　繪圖／林家棟

哪吒騎著風火輪、拿著混天綾，一不小心就把蝦兵蟹將打得束倒西歪！個性衝動又血氣方剛的哪吒，要如何讓父親李靖理解他本性善良？又如何跟著輔佐周文王的姜子牙，一起經歷驚險的戰鬥，推翻昏庸的紂王，拯救百姓呢？

009 三言　古今通俗小說
Three Words: The Vernacular Short-stories Collections
故事／王蕙瑄　原典解説／王蕙瑄　繪圖／周庭萱

許宣是個老實的年輕人，在下著傾盆大雨的某一日遇見白娘子，好心借傘給她，兩人因此結為夫妻。然而，白娘子卻讓許宣捲入竊案，害得他不明不白的吃上官司。在美麗華貴的外表下，白娘子藏著什麼秘密？她是人還是妖？

010 聊齋誌異　有情的鬼狐世界
Strange Stories from a Chinese Studio: Tales of Foxes and Ghosts
故事／岑澎維　原典解説／岑澎維　繪圖／鐘昭弋

有個水鬼名叫王六郎，總是讓每天來打漁的漁翁滿載而歸。善良的王六郎不會永遠陪著漁翁捕魚？好心會有好報嗎？蒲松齡的《聊齋誌異》收錄各式各樣的鄉野奇談，讓讀者看見那些鬼狐精怪的喜怒哀樂，原來就像人類一樣。

與故事、人物傳記、歷史、探險與地理、生活與素養、科技。每一個主題系列，都按時間順序來選擇代表性的經典書種。

◎ 每一個主題系列，我們都邀請相關的專家學者擔任編輯顧問，提供從選題到內容的建議與指導。我們希望：孩子讀完一個系列，可以掌握這個主題的完整體系。讀完八個不同主題的系列，可以不但對中國文化有多面向的認識，更可以體會跨界閱讀的樂趣，享受知識跨界激盪的樂趣。

◎ 如果說，歷史累積下來的經典形成了壯麗的山河，【經典少年遊】就是希望我們每個人都趁著年少探索四面八方，拓展眼界，體會山河之美，建構自己的知識體系。少年需要遊經典。經典需要少年遊。

011 說岳全傳　盡忠報國的岳飛
The Complete Story of Yue Fei: The Patriotic General

故事／鄒敦怜　原典解說／鄒敦怜　繪圖／朱麗君

岳飛才出生沒多久，就遇上了大洪水，流落異鄉。他與母親相依為命，又拜周侗為師，學習武藝，成為一個文武雙全的人。岳飛善用兵法，與金兵開戰；他最終的志向是一路北伐，收復中原。這個心願是否能順利達成呢？

012 桃花扇　戰亂與離合
The Peach Blossom Fan: Love Story in Wartime

故事／趙予彤　原典解說／趙予彤　繪圖／吳泳

明朝末年國家紛亂，江南卻是一片歌舞昇平。李香君和侯方域在此相戀，桃花扇是他們的信物。他們憑一己之力關心國家，卻因此遭到報復。清朝劇作家孔尚任，把這段感人的故事寫成《桃花扇》，記載愛情，也記載明朝歷史。

013 儒林外史　官場浮沉的書生
The Unofficial History of the Scholars: Life of the Intellectuals

故事／呂淑敏　原典解說／呂淑敏　繪圖／李遠聰

匡超人原本是個善良孝順的文人，受到老秀才馬二與縣老爺的賞識，成了秀才。只是，他變得愈來愈驕傲，也一步步犯錯。清朝作家吳敬梓的《儒林外史》，把官場上的形形色色全寫進書中，成為一部非常傑出的諷刺小說。

014 紅樓夢　大觀園的青春年華
The Story of the Stone: The Flourish and Decline of the Aristocracy

故事／唐香燕　原典解說／唐香燕　繪圖／麥震東

劉姥姥進了大觀園，看到賈府裡的太太、小姐與公子，瀟湘館、秋爽齋與蘅蕪苑的美景，還玩了行酒令、吃了精巧酥脆的點心。跟著劉姥姥進大觀園，體會園內的新奇有趣，看見燦爛的青春年華，走進《紅樓夢》的文學世界！

015 閱微草堂筆記　大家來說鬼故事
Random Notes at the Cottage of Close Scrutiny: Short Stories About Supernatural Beings

故事／邱慧敏　故事／邱慧敏　繪圖／楊瀚橋

世界上真的有鬼嗎？遇到鬼的時候該怎麼辦？看看紀曉嵐的《閱微草堂筆記》吧！他會告訴你好多跟鬼狐有關的故事。長舌的女鬼、嚇人的笨鬼、扮鬼的壞人、助人的狐鬼。看完這些故事，你或許會覺得，鬼狐比人可愛多了呢！

016 鏡花緣　海外遊歷
Flowers in the Mirror: Overseas Adventures

故事／趙予彤　原典解說／趙予彤　繪圖／林虹亨

失意的文人唐敖，跟著經商的妹夫林之洋和博學的多九公一起出海航行，經過各種奇特的國家。來到女兒國，林之洋竟然被當成王妃抓走了！翻開李汝珍的《鏡花緣》，看看他們的驚奇歷險，猜一猜，他們最後如何歷劫歸來？

017 七俠五義　包青天為民伸冤
The Seven Heroes and Five Gallants: The Impartial Judge

故事／王洛夫　原典解說／王洛夫　繪圖／王韶薇

包公清廉公正，但宰相龐太師卻把他看作眼中釘，想法子陷害。包公能化險為夷嗎？豪俠展昭是如何發現龐太師的陰謀？說書人石玉崑和學者俞樾，把包公與江湖豪傑的故事寫成《七俠五義》，精彩的俠義故事，讓人佩服！

018 西遊記　西天取經
Journey to the West: The Adventure of Monkey

故事／洪國隆　原典解說／洪國隆　繪圖／BO2

慈悲善良的唐三藏，帶著聰明好動的悟空、好吃懶做的豬八戒、刻苦耐勞的沙悟淨，四人一同到西天取經。在路上，他們會遇到什麼驚險意外？踏上《西遊記》的取經之旅，和他們一起打敗妖怪，潛入芭蕉洞，恣意冒險！

019 老殘遊記　帝國的最後一瞥
The Travels of Lao Can: The Panorama of the Fading Empire

故事／夏婉雲　原典解說／夏婉雲　繪圖／蘇奔

老殘是個江湖醫生，搖著串鈴，在各縣市的大街上走動，幫人治病。他一邊走，一邊欣賞各地風景民情。清朝末年，劉鶚寫《老殘遊記》，透過主角老殘的所見所聞，遊歷這個逐漸破敗的帝國，呈現了一幅抒情的中國山水畫。

020 故事新編　換個方式說故事
Old Stories Retold: Retelling of Myths and Legends

故事／洪國隆　原典解說／洪國隆　繪圖／施怡如

嫦娥與后羿結婚後，有幸福美滿嗎？所有能吃的動物都被后羿獵殺精光，只剩下烏鴉和麻雀可以吃！嫦娥變得愈來愈瘦，勇猛的后羿能解決困境嗎？魯迅重新編寫中國的古代神話，翻新古老傳說的面貌，成為《故事新編》。

經典
少年遊

youth.classicsnow.net

001

世說新語　魏晉人物畫廊
A New Account of Tales of the World
Anecdotes in the Southern and Northern Dynasties

編輯顧問（姓名筆劃序）
王安憶　王汎森　江曉原　李歐梵　郝譽翔　陳平原
張隆溪　張臨生　葉嘉瑩　葛兆光　葛劍雄　鄭培凱

故事：林羽豔
原典解說：林羽豔
繪圖：吳亦之
人時事地：李佩璇

編輯：鄧芳喬 張瑜珊 張瓊文
美術設計：張士勇
美術編輯：顏一立
校對：陳佩伶

企畫：網路與書股份有限公司
出版者：大塊文化出版股份有限公司
台北市10550南京東路四段25號11樓
www.locuspublishing.com
讀者服務專線：0800-006689
TEL：+886-2-87123898
FAX：+886-2-87123897
郵撥帳號：18955675
戶名：大塊文化出版股份有限公司
法律顧問：全理法律事務所董安丹律師

總經銷：大和書報圖書股份有限公司
地址：新北市新莊區五工五路2號
TEL：+886-2-8990-2588
FAX：+886-2-2290-1658
製版：沈氏藝術印刷股份有限公司

初版一刷：2014年3月
定價：新台幣299元